# Inhalt

**Corporate Publishing - heute mehr als eine oberflächliche Imagepolitur**

Kernthesen

Beitrag

Fallbeispiele

Weiterführende Literatur

Impressum

# Corporate Publishing - heute mehr als eine oberflächliche Imagepolitur

*E.Krug*

## Kernthesen

- Corporate Publishing ist für ein funktionierendes Customer-Relationship-Management wichtiger denn je und geht zurzeit in eine regelrechte Qualitätsoffensive. (1), (2), (3)
- Ein Corporate Publishing-Journalist muss heute mehr als sehr gute journalistische Fähigkeiten besitzen. Er muss darüber hinaus Erfahrungen im Marketing mitbringen und über fundierte

Unternehmenskenntnisse verfügen. (4), (5), (6)
- Im Vergleich zu den konjunkturbedingten Einbrüchen in anderen Marketingbereichen, wie z. B. bei der Werbung, zeigt sich die Corporate Publishing-Branche äußerst stabil, mit steigender Tendenz. (3), (7), (8)

## Beitrag

Ein informatives und glaubwürdiges Kundenmagazin ist eines der besten Instrumente um eine optimale Kundenbindung zu erreichen. Deshalb spielt Corporate Publishing im Beziehungsmarketing eine enorm wichtige Rolle. Es stärkt das Markenprofil, bietet Service ebenso wie Unterhaltung und dient einer positiven Dialogführung. Verknüpft mit anderen Marketing-Instrumenten unterstützt Corporate Publishing zusammen mit Werbung, PR und Direktmarketing eine unternehmensübergreifende CRM-Strategie. (1), (2), (3)

Obwohl sich heute in der angespannten Konjunkturlage der CP-Markt immer noch relativ stabil zeigt, ist es dennoch gerade jetzt wichtig, in die Qualitätsoffensive zu gehen. Die aktuelle Situation, in der Budgetkürzungen an der Tagesordnung sind, verlangt, dass in den sehr kostspieligen

Kundenmagazinen nicht nur oberflächlich das Image poliert wird. (3), (6), (7), (8)

## Voraussetzungen für ein professionelles, qualitativ hochwertiges Corporate Publishing

Ein erfolgreiches Kundenmagazin zeichnet sich dadurch aus, dass es seine Zielgruppe und Leser kennt, diese anspricht und ihnen Möglichkeit zur Interaktion bietet. Auch hier wird zeitgemäß vor allem wieder durch E-Mail Kontakte oder Internet-Links das Internet in den Dialog mit einbezogen. Aber auch die Einrichtung von Call-Centern und Hotlines oder Faxabrufe, Umfragen, Coupons, Gewinnspiele etc. unterstützen die Nähe zum Leser. (6)

Darüber hinaus muss natürlich die Information stimmig sein. Eine Kundenzeitschrift gilt als Träger der brisantesten Nachrichten und Neuigkeiten eines Unternehmens an seine Kunden, d. h. der CP-Journalist muss mit dem Unternehmen bis ins feinste Detail vertraut sein. (4)

Die Informationen müssen sowohl der internen, als

auch der externen Zielgruppe optimal im Inhalt, der Reihenfolge und in der Form präsentiert werden. Zusätzlich müssen über Corporate Publishing die Marketingziele des Unternehmens verfolgt werden, um die Investitionen rentabel zu machen. Dazu allerdings ist es unumgänglich, dass ein CP-Journalist über ausreichende Marketing- und Management-Erfahrungen verfügt oder eng mit anderen Marketingbereichen zusammenarbeitet. Das wiederum bedeutet, dass eine gute Jounalismus-Ausbildung allein nicht ausreichend ist, um ein optimales Ergebnis bei der Erstellung eines Kundenmagazins zu erlangen. (5)

## Typische Fehler bei der Erstellung von Kundenmagazinen

Sehr häufig wird kritisiert, dass es sich bei Corporate Publishing ausschließlich um banale Produktwerbung und Imagepflege handelt. Dabei wird zielgenaue Kundenkommunikation durch vagen Journalismus ersetzt. Häufig sucht der Kunde in den Kundenzeitschriften umsonst nach qualifizierten Informationen, die durchaus kritischer Natur sein dürfen. Dadurch verliert die Zeitschrift an Glaubwürdigkeit und der Informationsgehalt rutscht in eine reine Schönmalerei ab. (6)

Dazu kommt, dass die meisten Kundenmagazine den Dialog mit dem Kunden vernachlässigen und somit kaum zum Beziehungsmarketing im Sinne eines vernünftigen CRM-Systems beitragen. Vor allem die größeren Unternehmen nutzen diese Art der Kundenpflege zu selten. (1) So kommt es sehr häufig zu einer nicht unlogischen Reaktion auf Seiten der Kunden, nämlich dass diese die Kundenzeitschriften nicht mehr lesen und ein Unternehmen völlig umsonst in Corporate Publishing investiert hat. (9)

In letzter Zeit werden auch deshalb sehr häufig flache Kundenzeitschriften veröffentlicht, weil so genannte Trittbrettfahrer in die CP-Branche drängen, die keine ausreichende Qualifikation mit sich bringen. Es handelt sich dabei um Werbe- und PR-Agenturen, Fachverlage oder auch Journalistenbüros, die Angebote zu Dumpingpreisen machen und manchmal nur unbefriedigende Teillösungen liefern können. (3) So ist es heute wichtiger denn je, auf Qualität zu pochen und die Wirkung zu kontrollieren.

## Erfolgskontrolle und Qualitätsoffensive

Bisher wurde die Wirksamkeit von Kundenmagazinen

nur sporadisch abgefragt. Außer ein paar stichprobenartigen Leserbefragungen, die vom Herausgeber selbst durchgeführt wurden und dementsprechend positiv ausfielen, gab es kaum effektive Erfolgskontrollen.

Das muss sich ändern, denn hier sind Untersuchungen nötig, die in differenzierter Weise die Wirkung unterschiedlichster Maßnahmen austesten und bewerten. Sinnvoll wäre ein ausgeklügeltes System mit Kennzahlen, Daten und Soll-Ist-Vergleichen. Eine Bewertung ist insofern wichtig, um Mängel im Konzept früh genug zu erkennen und diesen sofort entgegensteuern zu können. (6)

Im Rahmen von Einsparmaßnahmen ist es ganz im Sinne der Unternehmen, die Effizienz von Corporate Publishing zu testen, denn sowohl große als auch mittelständische Firmen versuchen auf diese Art und Weise Einsparpotenziale zu realisieren. (vgl. Cases) (2)

Um die Professionalität zusätzlich zu intensivieren fand Anfang des Jahres 2003 ein neuer Wettbewerb statt: BCP Best of CP 2003. (vgl. Cases) Dieser Wettbewerb war für viele Unternehmen ein wichtiger Anstoß, in die Qualitätsoffensive zu gehen. (1), (2) (3)

# Fallbeispiele

## CP-Markt: Zahlen

Ergebnisse einer Erhebung, die MMM/Mediafinder in Deutschland, der Schweiz und Österreich durchgeführt hat:
Registrierte Kundenmagazine (im Jahr 2002): 4505 (+15,4 Prozent gegenüber dem Vorjahr)
Aktive Kundenmagazine (Jahr 2002): 3537 (+7,8 Prozent gegenüber dem Vorjahr)
Titel im Bereich B-to-C (Jahr 2002): 1917 (+27,9 Prozent gegenüber dem Vorjahr)
Objekte im Bereich B-to-B (Jahr 2002): 1620 (- 9 Prozent gegenüber dem Vorjahr) (10)

# Pilotstudie zur Beurteilung von Kundenzeitschriften am Beispiel des Audi-Magazins

Durchgeführt vom FCP und den Markt- und Medienforschern von TNS-Emnid mit neu entwickelter Forschungstool: Corporate Publishing-Standard.
Im CP-Standard ist der Werbemitteltest (BUY(r)Test) eingebaut, der für das Audi-Magazin ergibt, dass ca. 77 Prozent aller Leser von den kommunikativen Inhalten der Zeitschrift überzeugt sind. Das Verhältnis der Kunden zu der Marke Audi wird dadurch bestätigt.
Um die Wirkung beim Imagetransfer und der Kundenbindung zu überprüfen, befragte eine Kontrollgruppe die Audi-Kunden, die das Magazin nicht erhalten haben. Diese haben eine deutlich geringer ausgeprägte Bindung und ein schlechteres Bild von Audi (Kundenbindungsindex nach Conversion Model).

Untersuchungsergebnis: Nach den Kriterien des CP-Standards ist das Audi-Magazin ein erfolgreiches Kundenmagazin und ein wirklich interessanter Werbeträger im Sinne von Anzeigenmarketing. (2)

## Wettbewerb: BCP Best of

# Corporate Publishing 2003

Dieser neue Wettbewerb wurde Anfang des Jahres 2003 initiiert, um die Vielfalt professioneller deutschsprachiger Kundenmagazine zu präsentieren. Initiatoren: das Forum Corporate Publishing (FCP) gemeinsam mit den Fachmedien acquisa, Horizont und w&v. Die eingereichten Zeitschriften wurden in logische Branchengruppen zusammengefasst und in zwei Kategorien B-to-C und B-to-B getrennt bewertet. Es wurden Anfang April insgesamt 40 Preisträger ausgezeichnet. Die höchste Punktzahl erhielt das BMW Magazin und wurde sowohl als Sieger in der Branchengruppe als auch als Gesamtsieger 2003 ausgezeichnet. (1), (2)

# Ausbildung im Bereich Corporate Publishing

Beispiel: medienfabrik Gütersloh GmbH (Bertelsmann-Tochter) bietet seit knapp zwei Jahren

eine branchenorientierte interne Ausbildung für CP-Spezialisten an:
Schwerpunkt der Ausbildung: Journalismus, Marketing, Vertrieb. Den Volontären wird in erster Linie beigebracht, dass Corporate Publishing mehr bedeutet, als nur Texte zu schreiben, sondern vielmehr den Kunden in seinem wirtschaftlichen Umfeld und sein Anliegen zu verstehen und die jeweilige Zielgruppe zielgerecht anzusprechen. Zwischenfazit: positiv (5)

## Weiterführende Literatur

(1) Magazine mit Mission
aus werben & verkaufen Nr. 14 vom 04.04.2003 Seite 028

(2) Corporate Publishing weiter auf dem Vormarsch
aus Direkt Marketing, Heft 3/2003, S. 34-35

(3) Angst vor Trittbrettfahrern, kress report, 04.04.2003, S. 10
aus Direkt Marketing, Heft 3/2003, S. 34-35

(4) Pitches im Corporate Publishing?
aus HORIZONT 14 vom 03.04.2003 Seite 088

(5) Frei von Hybris
aus HORIZONT 14 vom 03.04.2003 Seite 082

(6) Corporate Publishing - mit Evaluation zur

optimalen Kundenbindung
aus Direkt Marketing, Heft 3/2003, S. 36-39

(7) CP: Ein Lichtblick für die Medienszene
aus HORIZONT 14 vom 03.04.2003 Seite 066

(8) "Kein Grund zur Euphorie, aber der Markt bleibt stabil"
aus acquisa, Heft 02/2003, S. 8

(9) Rasche, Bernd, „McK-Wissen" Chefredakteurin Susanne Risch über Corporate Publishing, „PR-Kunden sind doch nicht blöd", Welt am Sonntag, 23.03.2003, S. 36
aus acquisa, Heft 02/2003, S. 8

(10) Verlage wollen Mehrwert nutzen
aus HORIZONT 14 vom 03.04.2003 Seite 029

# Impressum

## Corporate Publishing - heute mehr als eine oberflächliche Imagepolitur

### Bibliografische Information der deutschen Nationalbibliothek

Die Deutsche Nationalbibliothek verzeichnet diese Publikation in der deutschen Nationalbibliografie; detaillierte bibliografische Daten sind im Internet über http://dnb.d-nb.de abrufbar.

ISBN: 978-3-7379-0691-3

© 2015 GBI-Genios Deutsche Wirtschaftsdatenbank GmbH, Freischützstraße 96, 81927 München, www.genios.de

Alle Rechte vorbehalten. Dieses Werk ist einschließlich aller seiner Teile – z.B. Texte, Tabellen und Grafiken - urheberrechtlich geschützt. Jede Verwertung außerhalb der Grenzen des Urheberrechtsgesetzes bedarf der vorherigen Zustimmung des Verlags. Dies gilt insbesondere auch für auszugsweise Nachdrucke, fotomechanische

Vervielfältigungen (Fotokopie/Mikroskopie), Übersetzungen, Auswertungen durch Datenbanken oder ähnliche Einrichtungen und die Einspeicherung und Verarbeitung in elektronischen Systemen.